I0080318

NOTES

ET

CONSEILS D'INSPECTION

PAR

M. Georges ROSSIGNOL

ANCIEN PROFESSEUR D'HISTOIRE

AU POLYTECHNIKUM DE ZURICH ET AU LYCÉE DE BORDEAUX

INSPECTEUR D'ACADÉMIE DE L'ARIÈGE

FOIX

TYPOGRAPHIE ET LITHOGRAPHIE VEUVE POMIÈS

1904

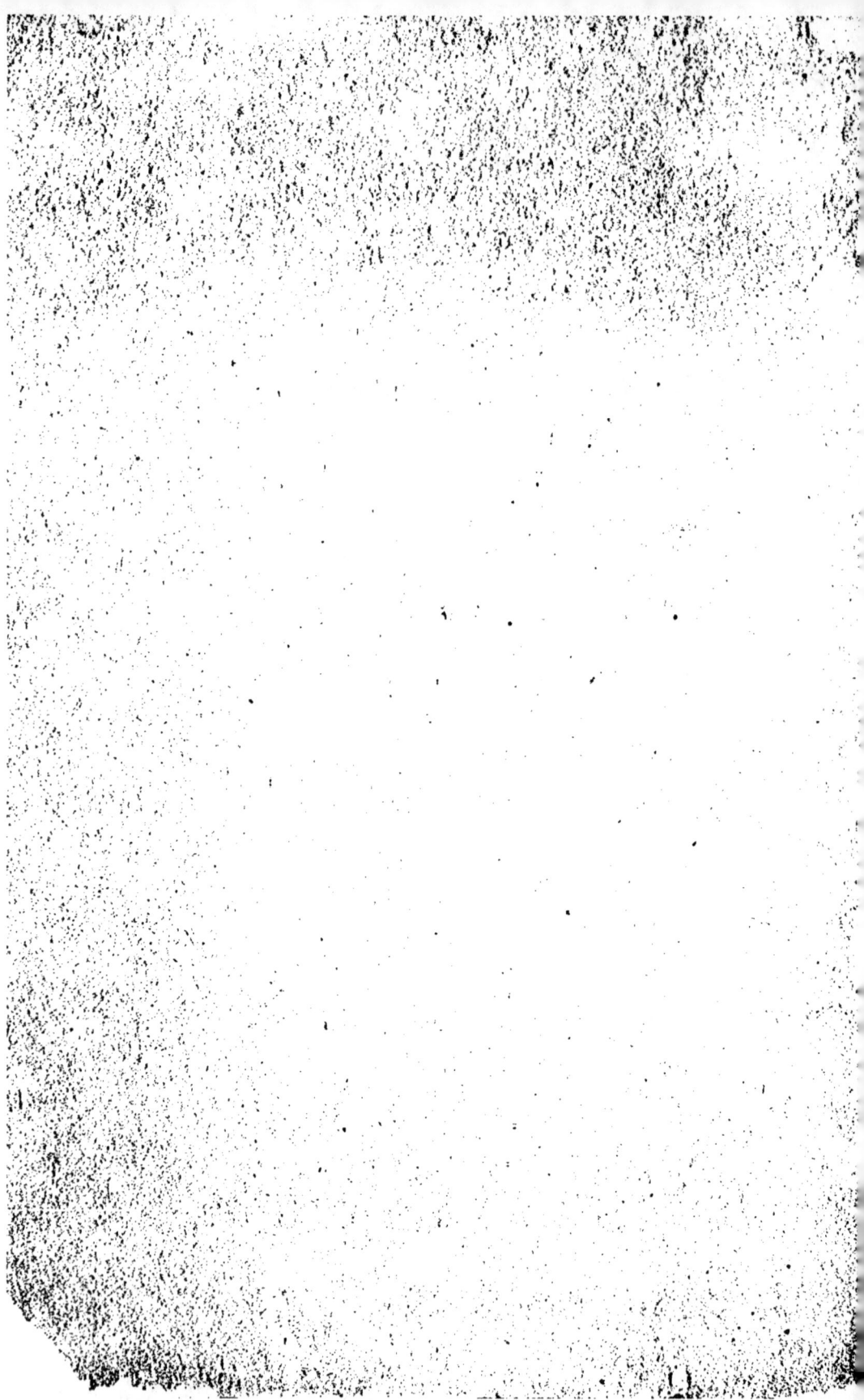

NOTES

ET

CONSEILS D'INSPECTION

PAR

M. Georges ROSSIGNOL

ANCIEN PROFESSEUR D'HISTOIRE

AU POLYTECHNIKUM DE ZURICH ET AU LYCÉE DE BORDEAUX

INSPECTEUR D'ACADÉMIE DE L'ARIÈGE

FOIX

TYPOGRAPHIE ET LITHOGRAPHIE VEUVE POMIÈS

—

1904

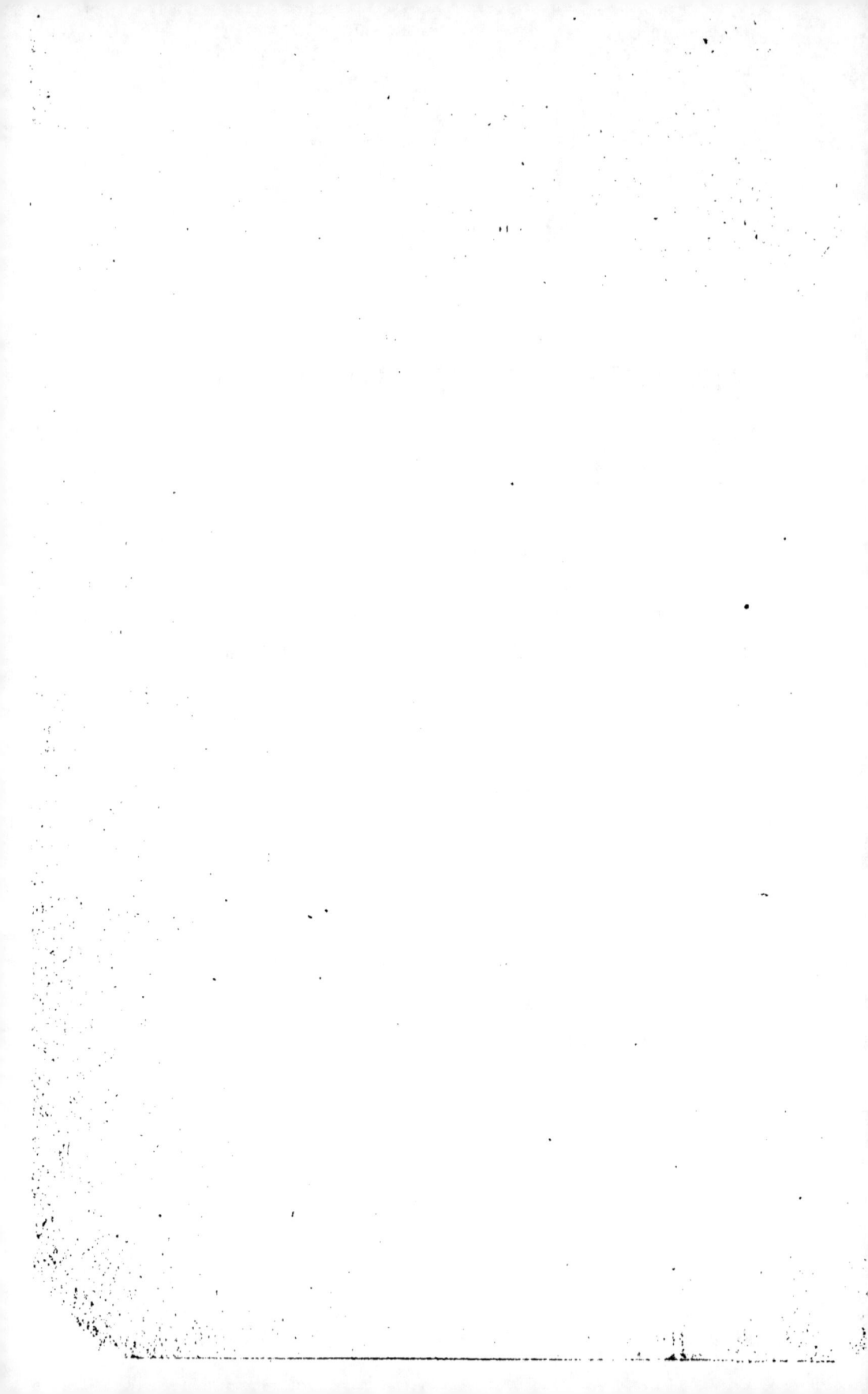

CIRCULAIRE-ANNEXE

AU RAPPORT ANNUEL

Foix, le 26 juillet 1904.

Monsieur l'Inspecteur primaire,

Suivant l'usage, dans mon *Rapport annuel*, j'ai exposé la situation de l'enseignement primaire ariégeois pendant l'année qui vient de s'écouler. Mais, j'ai tenu à réserver, pour les consigner ici, quelques indications d'ordre plus particulièrement pédagogique. Elles m'ont été suggérées soit par la lecture de vos Bulletins d'inspection, soit par mes propres visites dans nos divers établissements scolaires. J'ai l'honneur de les recommander à votre attention, en vous priant de veiller à ce qu'il en soit pris bonne note.

I

L'ORDRE MATÉRIEL

Ma première observation portera sur l'ordre, — je dis l'ordre matériel, — qui devrait exister dans toutes nos classes et dès le premier coup d'œil frapper le visiteur. La plupart de nos maîtres sont, à ce point de vue comme à tant d'autres, de bons maîtres. Ils excellent à donner aux enfants de louables habitudes. Ils sont, si je puis dire, des professeurs d'ordre remarquables. La tenue des cahiers et des livres, côté élèves, est le plus souvent presque parfaite.

Le maître doit donner l'exemple. — Mais, par une inexplicable anomalie, un trop grand nombre de ces maîtres excellents se bornent à enseigner l'ordre ; ils ne le pratiquent pas pour eux-mêmes. Ils en donnent le précepte, ils en donnent les habitudes ; ils n'en donnent pas l'exemple.

Le corridor. — Cette impression on l'a dès le corridor. Il est mal tenu. Un tas d'objets y traînent qui devraient se trouver ailleurs : collections de vieux souliers, arrosoirs, caisses à charbon, rangées de bouteilles, etc.

La tenue du maître. — On pénètre dans la classe. Le premier coup d'œil est naturellement pour le maître. Eh bien ! l'on constate que sa tenue laisse à désirer. Celui-ci n'a ni faux-col ni cravate, celui-là porte une veste déchirée, cet autre traîne des pantoufles en loques et crasseuses. Un autre encore garde son chapeau : il allègue qu'il ne peut plus s'en passer, maintenant qu'il en a l'habitude. (Pourquoi l'a-t-il prise cette habitude ?)

La tenue des élèves. — Les élèves, au point de vue de la tenue, sont à l'avenant. Quelques-uns conservent, pendant la classe, leurs bérets, d'autres leurs foulards ou leurs cache-nez. La plupart se tiennent mal et sont sales. Quand vous êtes entré, on ne s'est pas levé. Prétexte : On ne savait pas que c'était M. l'Inspecteur. Comme si nos enfants ne devraient pas être habitués à « se lever », en signe de respect, devant un monsieur quel qu'il soit qui pénètre dans la classe !

La salle de classe. — Si vous examinez le local après les habitants, vous y trouverez dans les coins des sacs de pommes de terre ou encore des champignons qui sèchent, des tomates qui mûrissent, des chataignes, etc. Ailleurs, ce sont des poules, des chats, des chiens surtout. On a même quelquefois de la peine à faire comprendre au maître que, si ami de l'homme que soit le chien, sa place n'est pas au milieu des élèves.

Les murs. — Continuez votre inspection en quelque sorte extérieure, passez aux murs de la classe. Quelquefois, assez souvent, vous aurez d'emblée une impression très bonne. Chez un maître avisé, ordonné, qui a du goût, l'aspect des murs de la classe rend sur lui, dès l'entrée, le meilleur témoignage. Telle humble école rurale est ainsi devenue un petit musée. Tous les enseignements y sont représentés et toute la vie de l'école, parfois de façon fort ingénieuse.

Mais chez d'autres, la seule vue des murs indispose fâcheusement : de vieilles cartes moisies pendent, à côté des cartes plus jeunes qui dans l'usage les ont remplacées ; des abécédaires mangés aux vers s'obstinent, malgré le voisinage d'abécédaires neufs ; des tableaux synoptiques qui ont cessé d'avoir cours, des méthodes surannées

semblent protester par leur présence contre les innova-
tions intelligentes. — Pourquoi ne pas se débarrasser du
matériel qui ne peut plus servir? A quoi bon multiplier
inutilement les nids à poussière?

En revanche, en mainte école, beaucoup d'affiches manquent qui devraient s'y trouver : emploi du temps, répartition des matières, liste des morceaux choisis, déclaration
des droits de l'homme, etc.

Souvent l'emploi du temps date de quatre ou cinq ans.
Souvent encore, les listes de morceaux choisis compren-
nent, non pas les morceaux réellement appris par les
élèves, mais ceux au nombre de cinquante ou soixante
parmi lesquels le maître a l'habitude de choisir. Petit
détail, si l'on veut, mais qui dénote incurie, manque de
jugement, ou, qui pis est, irréflexion habituelle chez le
maître : il ne sait pas réfléchir au pourquoi des choses,
au but des réglements. En l'espèce, est-il besoin de le rappeler, si nous désirons voir afficher la liste des morceaux
choisis, c'est pour connaître ceux qu'ont réellement appris
les élèves et non pour savoir ceux qu'ils auraient pu
apprendre. Cette petite négligence indispose celui qui ins-
pecte : « Le maître, se dit-il, n'a pas su voir cela. Comment saurait-il être méthodique avec les élèves, leur
enseigner toujours la raison vraie des choses? »

Le bureau du maître. — Après avoir en quelques
secondes examiné le maître, les élèves, le plancher et
les murs, avant de commencer l'inspection proprement
dite, nous jetons un dernier coup d'œil sur le bureau du
maître en lui demandant ses registres, ses précédents
Bulletins d'inspection, etc.

Ici, presque toujours il faut bien le dire, l'impression
devient franchement mauvaise. Le bureau du maître

constitue d'ordinaire un véritable capharnaüm, même quand le maître est des meilleurs, même quand il excelle à donner aux élèves des habitudes d'ordre.

Dans le tiroir, en un pêle-mêle inexprimable, on rencontre de tout : de la craie, des croûtons de pain, des burettes de cycliste, des bougies, du papier à lettre, des imprimés de mairie, de vieux registres non classés, des registres récents, des collections de journaux, des Revues d'enseignement, et un grand nombre de feuilles éparpillées arrachées à tel ou tel journal scolaire.

Avant que l'Inspecteur, surtout quand c'est l'Inspecteur d'Académie dont le passage est beaucoup moins attendu, puisse avoir en main les registres obligatoires, plusieurs minutes s'écoulent.

La collection du Bulletin départemental. — Seule, la collection du *Bulletin départemental* est généralement à sa place, en assez bon ordre ; mais, autre grave tort, certains numéros n'en sont pas coupés : ils n'ont pas été lus !

Force est donc de rappeler une fois de plus à nos maîtres que leur devoir n'est pas seulement de collectionner le Bulletin année par année, de le garder précieusement puisqu'il fait partie des archives de l'École, mais encore de le lire attentivement et de le faire lire aux adjoints, — de se conformer aux avis, circulaires, etc., qui y sont publiés, d'attacher la plus grande importance et une valeur absolument impérative aux questions ou instructions qu'il renferme.

Lorsque l'administration académique a besoin de renseignements que seuls les maîtres peuvent lui donner, il ne lui est pas possible d'envoyer 900 lettres aux 900 membres de l'enseignement primaire. Le Bulletin doit tenir lieu de lettre : c'est donc, dans la mesure du possible, par retour du courrier, au plus tard dans la semaine, qu'il faut répondre aux questions posées. Tout retard peut avoir les plus fâcheuses conséquences, entraver même toute administration. Dans telle circonstance récente, vous avez dû vous excuser auprès de moi ; moi-même j'ai dû m'excuser auprès de M. le Ministre de l'Instruction publique de n'avoir pu fournir à temps un travail d'ensemble urgent : il vous avait fallu envoyer des lettres de rappel à 1/4 de votre personnel soit au moins, pour l'ensemble du département, 200 lettres de rappel !

Nos maîtres n'ont point songé à ces inconvénients de leur retard à lire le *Bulletin départemental* et par suite de leur retard à répondre aux questions que nous leur adressons par cette voie. Ils comprendront, comme nous, que de telles négligences de leur part ne sauraient être tolérées. Vous voudrez bien de votre côté, M. l'Inspecteur, me signaler les maîtres qui s'attireraient par deux fois des lettres de rappel.

II

LE CARNET D'INSPECTION

Je n'ai encore rien dit de la collection des Bulletins d'inspection. D'ordinaire elle laisse beaucoup à désirer.

Depuis plusieurs années il est de rigueur que l'Inspecteur primaire envoie à chaque instituteur le texte authentique, le texte *ne varietur* de son Bulletin d'inspection. L'intéressé doit en prendre copie sur un Carnet d'inspection, assez volumineux pour que toute la série des Bulletins à venir puisse y trouver place. Tout ceci n'est point facultatif, mais absolument obligatoire.

Le Carnet d'inspection doit donc exister et être tenu à jour. A chacune de nos visites, il doit être montré si le visiteur le réclame, et pour ma part je ne manque jamais de le réclamer. C'est un moyen de constater la bonne volonté du maître à suivre les indications pédagogiques qu'a pu vous suggérer votre dernier passage. C'est un point de départ d'inspection, qui rend possible la constatation des progrès accomplis. Il faut en effet comparer chaque maître non pas au maître idéal qui n'existe pas, mais surtout à lui-même. Nous ne pouvons pas exiger de tous qu'ils soient des maîtres excellents, mais nous pouvons exiger de tous qu'ils soient, jusqu'à 40 ou 50 ans, un peu meilleurs chaque année, et après 50 ans qu'ils restent au moins égaux à eux-mêmes. (J'en sais plus d'un qui progressent jusqu'à leur retraite, parce qu'ils veulent progresser).

A la recherche du Carnet d'inspection. — Les Bulletins d'inspection de chaque maître nous sont donc indispensables et, en dehors de nos propres archives ou de nos souvenirs plus ou moins précis, nous avons le droit de les trouver à l'école.

Nous sommes loin d'avoir satisfaction sur ce point.

Le Carnet d'inspection, qui devrait être comme le livre d'or de chacun, est presque toujours difficile à trouver; souvent il est introuvable.

Il n'y a que demi-mal quand l'instituteur a l'habitude de le placer dans le tiroir de sa table ou de son bureau. Certes le tiroir est vaste et il est désordonné. Cependant, en s'y mettant à deux, moi tenant s'il y a lieu la couverture du pupitre, parmi la craie, la poussière et les croûtons de pain, parmi les registres, cahiers, journaux plus ou moins déchirés et enchevêtrés les uns dans les autres, nous finissons, d'ordinaire, par rencontrer le fameux Carnet.

2

Nous n'avons guère perdu que cinq à six minutes à le rechercher ! Et encore, à vrai dire, il eût été préférable de ne pas le trouver là. Le tiroir ou pupitre n'est presque jamais fermé à clef. Des yeux indiscrets risquent de parcourir des documents qui doivent rester entre le maître et nous.

Quand le Carnet d'inspection n'est point dans la table de travail du maître, celui-ci se met à sa recherche. Il monte dans ses appartements. S'il est marié à une institutrice, il en appelle à sa femme. Querelle de ménage. Chacun des conjoints accuse l'autre de s'être chargé du soin de serrer leurs deux Carnets. Pendant ce temps, je garde les élèves !

Pas de Carnet d'inspection ! — Cinq ou six fois, au cours de mes diverses inspections, j'ai dû constater que le Carnet ne venait pas. Tel m'a allégué l'avoir perdu dans un déménagement. Tel autre a prétendu que l'Inspecteur primaire ne lui avait jamais remis de Bulletin. Un troisième m'a expliqué qu'approchant de sa retraite il n'en avait pas besoin et qu'il avait dispensé (*sic*) l'Inspecteur primaire de lui en donner.

Est-il besoin de dire qu'aucune de ces excuses n'est acceptable ? Si dans un déménagement le maître perd justement le cahier qu'il doit regarder comme le plus précieux objet de tout son avoir pédagogique, je veux dire son Carnet d'inspection, qu'il nous demande une copie des Bulletins perdus. Elle lui sera envoyée avec la plus grande bienveillance et sans reproche. Si l'Inspecteur primaire ne laisse aucun Bulletin d'inspection comme trace de son passage, l'instituteur lui en demandera un, très respectueusement mais très nettement, car il a droit à des conseils, à des directions, et ce serait lui faire une cruelle injure que de le juger imperfectible, autant dire gâteux. Si, enfin, l'Inspecteur primaire, ayant été obligé de passer vite, n'a rien de particulier à dire, il devra le constater, dresser en quelque sorte, comme on dit au Tribunal, un procès-verbal de carence.

Quelques Bulletins manquent! — Souvent, le Carnet d'inspection est incomplet. Souvent, c'est précisément le dernier Bulletin qui manque ou bien qui a été transcrit sur une simple feuille volante. On n'a daigné ni le recopier, ni du moins le relier au reste du cahier.

Ces négligences sont inadmissibles. Il suffira certainement de les avoir signalées pour que désormais le Carnet d'inspection soit serré en lieu sûr et facile à trouver et pour qu'il contienne tout ce qu'il doit contenir. Seules, les indications de la première page sur l'état civil, l'âge, la famille, etc., pourront n'être pas répétées à chaque Bulletin, mais sur tout Carnet nouveau elles devront figurer au moins une fois, en tête, pour que nous les trouvions facilement.

Utilité des inspections. — Ceux qui ne soignent pas jalousement leur Carnet d'inspection témoignent par là qu'ils ne se rendent pas un compte exact de l'utilité, des bienfaits de l'inspection.

On devrait voir arriver l'Inspecteur avec joie. S'il passait jamais une année entière sans venir, on devrait en être contrarié. Quelle bonne occasion fournit son passage de lui confier les doutes ou les difficultés qui ont pu se présenter depuis sa dernière visite! Et surtout quel plaisir de causer avec lui des questions de métier, de recevoir ses directions, de provoquer, s'il en était besoin, ses conseils!

Il y a là une excellente occasion pour les jeunes en

particulier, pour ceux qui n'ont pas atteint la quarantaine ; sur tous les points du programme, sur toutes les matières enseignées, des indications vont leur être données par un guide sûr et affectueux. Elles suppléeront à leur inexpérience. Jusqu'ici, nous devons l'avouer, nos maîtres sont insuffisamment formés quand ils abordent leur tâche, délicate entre toutes. Même nos élèves-maîtres sont mal outillés pédagogiquement. Il faudrait pouvoir « entraîner » tous les débutants, y compris les normaliens, dans les écoles à plusieurs classes, sous l'œil de maîtres expérimentés, à grand renfort de visites méticuleuses que leur ferait l'Inspecteur primaire.

Après l'inspection. — N'est-ce pas dire avec quel bon vouloir, avec quelle avidité les moindres indications consignées sur le Bulletin laissé par l'Inspecteur primaire, doivent être accueillies, méditées, suivies pendant l'année entière. A mon sens, toute observation portant sur des fautes ou des défauts aisément corrigibles devraient même servir pour toute la vie. Si, lors d'une première visite, l'Inspecteur primaire note que l'emploi du temps ou la liste des morceaux choisis ne sont pas affichés, s'il demande que tous les registres soient tenus à jour, que tous les absents soient signalés quotidiennement, etc., etc., ces remarques devront avoir été faites une fois pour toutes. L'instituteur qui s'y exposerait de nouveau par la suite serait évidemment sinon un mauvais instituteur, du moins un instituteur sans bonne volonté. Lui-même nous autoriserait à le considérer désormais comme tel.

Et que penser de ceux qui, un ou deux mois après la visite reçue, ne se sont encore conformés à aucune des directions indiquées ! Dès que l'inspection a été terminée, ils se sont dit (surtout ceux qui habitent loin des voies ferrées) qu'ils en avaient pour quelque douze mois avant d'être inspectés à nouveau et ils n'ont pas songé que la bicyclette de l'Inspecteur d'Académie pouvait brusquement survenir. Quelques-uns (oh ! très peu, mais qu'il y en ait un seul, c'est déjà trop) ont cessé de marquer les absents. D'autres n'ont plus mentionné aucune préparation sur le carnet spécial (nous reviendrons plus loin sur ce point). Pour tous ceux-là, l'arrivée inopinée de l'Inspecteur d'Académie est douloureuse. Il peut d'ailleurs se montrer indulgent pour une première faute. Tant est grande la confusion du coupable ! Tant on peut-être sûr que la leçon lui servira et qu'il ne l'oubliera plus !

Evidemment, les maîtres qui se laissent ainsi aller à travailler moins une fois l'inspection passée, ne voient pas l'utilité réelle de celle-ci. Ils ne se doutent pas qu'elle est faite surtout pour eux, que son but est de les améliorer plus encore que de nous renseigner, qu'elle vise à perfectionner bien plus qu'à contrôler.

L'inspection et les maîtres âgés. — Même les maîtres expérimentés ont besoin de ce réconfort salutaire et de ce stimulant efficace que doit être l'inspection.

Parce qu'ils sont dans la force de l'âge, qu'ils ne croient pas n'avoir rien à apprendre. Quelle candeur ou plutôt quelle outrecuidance serait la leur ! Qui donc n'a rien à apprendre parmi nous ? On est mauvais juge quand on est soi-même en cause. Il faut les yeux d'autrui pour combattre la tendance que nous avons tous à être trop vite contents de nous-mêmes.

Dès lors, quel meilleur juge pourrait-on trouver que l'Inspecteur primaire ? Que les maîtres qui seraient tentés de le récuser y songent bien, il fut instituteur comme eux ; de plus il a ajouté de fortes études à son expé-

rience personnelle ; enfin et surtout, pendant l'année
entière, sans cesse, il compare les différents procédés,
il étudie les diverses méthodes. A faire un pareil métier,
à inspecter quotidiennement, on acquiert très vite un
flair extraordinaire pour discerner le bien et le mal, les
bons côtés non moins que les points faibles.

On fait en même temps provision d'indulgence. On loue
plus volontiers qu'on ne blâme. Comme en témoignent les
Bulletins, MM. les Inspecteurs adressent encore plus d'éloges
que de critiques. Ils ont raison. Les éloges sont utiles : ils
sont une récompense, et aussi et surtout un aquiescement et
comme une consécration pour des procédés ou des méthodes sur l'efficacité desquels on pouvait avoir des doutes.

Que les maîtres qui penchent vers la vieillesse aiment
donc eux aussi à être inspectés. C'est pour eux le seul moyen
d'être tenus en haleine, de ne pas devenir vieux prématu-
rément. Suivant une formule courante, la routine les guette
au détour de la cinquantaine. Contre elle l'inspection est
un précieux auxiliaire. Elle les avertit doucement, avec tous
les égards voulus, des manies qu'ils allaient contracter ;
elle les arrête sur la pente fâcheuse ; elle leur crie : Casse-
cou. Grâce à elle, ceux qui ont la coquetterie de ne pas
déchoir, d'aller jusqu'à leur soixantaine en se perfectionnant,
réussissent à rester ou à devenir, au moment où ils nous
quittent, les meilleurs de nos maîtres.

III

L'INTERROGATION

Il ne saurait être question de passer en revue tous les exercices scolaires depuis l'arithmétique, la grammaire, l'histoire et la géographie jusqu'au chant et à la gymnastique. Certes plusieurs réflexions utiles pourraient être présentées sur chacun de ces enseignements tel qu'il est compris par nos maîtres, mais, d'une façon générale, il y aurait plutôt à louer qu'à blâmer. Courons donc au plus pressé et insistons seulement sur quelques points, par exemple sur l'interrogation, sur la lecture et sur la composition française.

L'interrogation n'est pas un exercice distinct. Elle fait partie de presque tous les exercices. Lorsqu'elle est bien menée, elle les féconde et les vivifie ; lorsqu'elle est mal comprise, elle les alourdit et les paralyse.

Autant dire que savoir interroger c'est presque savoir enseigner. Si Socrate est resté pendant tant de siècles un des directeurs de l'intelligence humaine, cela est dû non pas à ses écrits, puisqu'il n'a rien laissé, mais à son enseignement. Il a su enseigner, et enseigner à des élèves qui s'appelaient Platon et Xénophon. Or, son procédé essentiel était l'interrogation : interrogation sarcastique lorsqu'il s'adressait aux rhéteurs et qu'il voulait les convaincre de charlatanisme, interrogation bienveillante, spirituelle plutôt que railleuse vis-à-vis de ses disciples. La première a été appelée l'ironie ou interrogation socratique. La seconde, il la nommait lui-même la maïeutique c'est-à-dire l'accouchement des esprits.

« Accoucher les esprits » est un art difficile et qui veut être spécialement cultivé. D'où vient qu'il le soit si peu ? D'où vient qu'on se serve d'ordinaire si mal de cet instrument délicat mais précieux qu'est l'interrogation ? Apparemment, beaucoup de maîtres n'ont jamais réfléchi aux services qu'elle est susceptible de rendre, lorsqu'elle est bien conduite. Ils ont pris l'habitude d'interroger par acquit de conscience, presque uniquement pour s'assurer que les leçons ont été étudiées. Ils n'ont pas vu que l'interrogation n'est pas seulement un moyen de contrôler les efforts demandés à la mémoire des élèves, mais qu'elle est encore, qu'elle est surtout un appel incessant à leur sagacité, un perpétuel stimulant de leur intelligence.

De là deux erreurs, commises dans les trois quarts au moins de nos écoles.

La première consiste à ne pas laisser à l'élève le temps de trouver la réponse. Au lieu de l'amener à la découvrir par des questions habiles, on la fait soi-même pour peu qu'il tarde. L'enfant est ravi : on lui épargne l'effort intellectuel. Malheureusement on lui interdit par là même le progrès. D'autrefois on le harcèle, on le bouscule, on le brutalise : singulier moyen de lui procurer la présence d'esprit qui lui serait nécessaire ! Souvent encore, on croit faire une concession intelligente aux bonnes méthodes et aider fructueusement l'élève en lui disant les premières syllabes de la réponse : mora...le, pa...trie, tempé...rance. L'enfant aux abois, se précipite tête baissée, sans ombre de réflexion : il achève le mot, songeant si peu à ce qu'il dit que parfois si deux vocables s'offrent à lui, il choisit celui qu'il ne faut pas, fût-il des plus baroques, des plus choquants, des plus incongrus même (on cite des exemples mémorables !).

La seconde erreur consiste à tolérer les réponses collec-

tives. Dans nombre d'écoles, ce sont, hélas! les seules
en usage. Elles partent de tous les points de la classe,
s'entrecroisent, finissent par arriver aux oreilles du maître
sous la forme d'un hurlement inintelligible. Le maître est
satisfait de tout ce beau tapage. Pour un peu, il se retour-
nerait vers l'Inspecteur : « Hein! qu'en dites-vous? est-elle
assez vivante ma classe? » « Eh! oui, elle est vivante; elle
le serait bien plus encore si les élèves vous lançaient des
pommes cuites ou s'ils échangeaient entre eux des coups
de poing! Malheureusement, il y a vie et vie : votre classe
est vivante extérieurement, les poumons des élèves y ont
de vigoureuses occasions de s'exercer; mais elle est morte
intellectuellement. Et c'est la vie intellectuelle qui compte
seule ici. »

Qu'arrive-t-il le plus souvent? C'est que les réponses
soi-disant collectives ne sont collectives qu'en apparence.
En fait, c'est le même élève, ou si l'on veut ce sont les
mêmes deux ou trois élèves qui trouvent les premières
syllabes de la réponse. Les autres, après quelques velléités
qu'ils ont pu avoir au début de le disputer de vitesse aux
précédents, ont vite reconnu que c'était peine perdue; ils
sont résignés à ne jamais réfléchir à la question posée.
Leur rôle, désormais, est tout tracé, ils resteront passifs
intellectuellement, sauf à hurler la fin de la réponse avec
une précipitation telle qu'ils puissent donner le change,
laisser croire qu'ils n'ont pas été les derniers à trouver. Au
bout de cinq ou six ans d'un pareil régime, la plupart des
élèves s'étant déchargés du soin de réfléchir sur deux ou
trois d'entre eux ne savent pas plus chercher une réponse
qu'ils ne le savaient à leur entrée à l'école. De là leur
désarroi devant tout exercice où ils sont livrés à eux-
mêmes, réduits à leurs seules forces, devant la composi-

3

tion française par exemple, pour peu qu'on ne leur indique
pas toutes les idées et le plan du sujet.

Que faut-il donc faire ? — Il faut se dire que c'est surtout en
matière d'interrogation que le mot de J.-J. Rousseau est
vrai : « Ce qui importe, ce n'est pas de gagner du temps,
c'est de savoir en perdre. » Il faut considérer l'interrogation
comme un des plus fructueux parmi les exercices scolaires.

Elle est d'un maniement délicat. Il faut donc la préparer
avec soin, y laisser le moins possible à l'improvisation,
c'est-à-dire au hasard. Il faut lui consacrer tout le temps
nécessaire, beaucoup de temps. Il faut se résigner à moins
parler soi-même. On parle trop en général. On ne fait pas
assez parler l'élève.

Les interrogations seront à la fois collectives et indivi-
duelles. La question sera posée à la classe entière. Les
élèves ne prendront la parole, individuellement bien
entendu, qu'après en avoir reçu l'autorisation. Vous atten-
drez tout le temps nécessaire, au besoin et dans certains
cas, deux ou trois minutes. Vous verrez une main se lever,
puis deux, puis trois, etc. Ce sont ceux qui auront trouvé
la réponse en dernier lieu qui auront le plus exercé leur
sagacité, donc réalisé le plus fructueux effort, celui qui
impliquera le plus de progrès.

Quand la plupart de ceux que vous savez susceptibles de
trouver la réponse auront levé la main pour demander la
parole, alors seulement vous l'accorderez à l'un d'entre
eux. S'il se trompe, les autres interviendront, toujours après
en avoir demandé et obtenu la permission. Il est bon
d'habituer les élèves à se guetter entre eux, dans le bon
sens du mot, à se contrôler réciproquement. Si l'on récite
de l'histoire, de la géographie, si l'on traite une question
d'arithmétique, etc., vous devez être prévenu d'une erreur

commise par des doigts qui se lèvent. Alors, sans bruit, sans intervention excessive de votre part, la classe vivra vraiment et vivra comme il faut qu'elle vive, intellectuellement.

J'attache à cette façon de procéder une grande importance et je vous demande, Monsieur l'Inspecteur, de m'aider à faire disparaître le plus tôt possible les ineptes réponses collectives dont trop de nos élèves sont encore coutumiers.

IV

LA LECTURE

Nous voici à la lecture. Je n'hésite pas à déclarer que c'est un des plus mal compris de nos exercices scolaires, qu'il s'agisse de nos lycées et collèges aussi bien que de nos écoles proprement dites. Partout on lit vite, on lit mal, avec des intonations déplorables puisqu'elles sont inintelligentes. Dans une grande classe d'un des plus importants établissements de l'Ariège, j'ai entendu réciter un sonnet de Hérédia par tous les élèves successivement de la plus piteuse façon. Il faudra en venir à instituer des compositions et des prix de lecture jusque dans les plus grandes classes de nos lycées et collèges.

Qu'il s'agisse du primaire ou du secondaire, nous aurons beaucoup de peine à réagir, précisément parce que presque tout le monde lit mal. L'habitude en est si bien prise que dans beaucoup de classes et d'écoles si, tout d'un coup, un élève se mettait à lire d'une façon intelligente, expressive, avec les intonations vraies et les nuances voulues, il aurait un véritable succès de ridicule. Résultat : comme chacun de nous a pu le constater dans mainte société savante ou dans mainte réunion publique, des gens instruits, médecins habiles, juges expérimentés, professeurs consciencieux ne savent pas lire, et tel qui parle bien lit très mal. « Rares, m'écrit un Inspecteur primaire en parlant de son personnel, sont ceux qui savent lire d'une façon intéressante. »

Et le dommage est considérable. Un des plus clairs profits que puisse retirer l'élève de son passage à l'école n'est-il pas de garder pour la vie le goût de la lecture? « Un homme qui sait lire et qui aime lire de bons livres est un homme sauvé », a-t-on dit ; et encore : « Je n'ai jamais eu de chagrin qu'une heure de lecture n'ait dissipé. » (Montesquieu.) Mais comment donnerez-vous aux écoliers le goût de la lecture si vous ne savez pas lire vous-même? Vainement vous leur direz : « Lisez ; c'est très agréable. » On prouve le mouvement en marchant. Prouvez que la lecture est agréable, faites-la aimer en lisant bien vous-même, en nuançant le récit, en le dramatisant (sans cabotinage, bien entendu), en faisant vibrer le jeune auditoire avide d'émotions neuves par une diction à la fois simple et savante. On l'a remarqué, quand les enfants, au sortir de l'école, désapprennent l'usage du livre, c'est qu'ils n'ont appris à l'école que la lecture machinale et non la lecture intelligente.

J'insiste encore. Visiblement, même aux examens d'entrée à l'École normale, même à ceux du brevet élémentaire, voire du brevet supérieur, les candidats n'attachent à la lecture, s'agit-il de la " lecture expliquée", qu'une importance secondaire. Ils lisent vite, sans chercher à bien lire ; il est clair qu'à leurs yeux les explications qui suivront la lecture entreront seules en ligne de compte pour l'établissement de leur note. Pourtant ici, l'erreur est impardonnable. Puisque les programmes appellent cette épreuve " lecture expliquée ", c'est qu'elle comporte en quelque sorte deux épreuves : la lecture d'abord, l'explication ensuite.

Essayons de remonter le courant. Le résultat est d'une telle importance qu'aucune difficulté ne doit nous rebuter. Une classe où tout le monde lit intelligemment, même les tout petits à peine évadés de la lecture mécanique, est une classe transformée, toute vivante, toute vibrante ; car enfin, qu'il s'agisse d'arithmétique ou d'histoire, tout travail, donc tout progrès part d'une lecture. Il faut savoir lire son livre ou son cahier d'arithmétique, son livre ou son cahier d'histoire, j'entends les lire non pas mécaniquement, mais intelligemment.

Le maître lira bien, avons-nous dit. Ses intonations seront justes. C'est le seul moyen d'habituer l'élève à rechercher et à trouver des intonations qui le soient. Si on ne lui a pas appris à lire à l'École normale, il apprendra tout seul.

Il préparera toujours ses lectures. Une lecture ne s'improvise pas ; demandez à Coquelin ou à Sarah Bernhardt. Les grands acteurs s'y reprennent à quinze et vingt fois avant d'avoir trouvé l'intonation vraie ; pourquoi chacun de nous ne s'y prendrait-il pas à deux ou trois fois, surtout au début ?

Nous ne voulons pas entreprendre ici un traité sur l'art de lire. Le livre de Legouvé n'est pas à refaire. Bornons-nous à quelques indications.

D'abord on lit trop vite, presque tout le monde lit trop vite. Or, ceci n'est excusable que chez les débutants : le bambin de 7 ou 8 ans veut montrer le plus tôt possible qu'il sait assembler les lettres, les syllabes, les mots. Il veut émerveiller le plus tôt possible son papa et sa maman, qui regarderont à la quantité plutôt qu'à la qualité. Il veut faire honneur à son maître qui sera fier de lui s'il a appris en quelques mois la lecture mécanique. Mais cette lecture mécanique devrait n'avoir qu'un temps. Consacrons lui un an entier, si vous voulez.

Passée cette première année, il faut que la lecture cesse à tout jamais d'être un exercice machinal, il faut qu'elle devienne un exercice intellectuel, le plus intellectuel de tous les exercices, allions-nous dire. Et ce n'est pas F. Pécaut qui nous eût démentis, lui qui estimait que la lecture expliquée, bien menée, à l'aide d'un bon livre, pouvait devenir " l'âme, le trait d'union des autres études, l'étude centrale et régulatrice par excellence ". Dans cet ordre d'idées, le précepte à rappeler sans cesse aux élèves et même aux maîtres, c'est qu'on ne lit jamais trop lentement, c'est que toutes les occasions qui se présentent de ralentir la diction doivent être saisies ; c'est que, notamment, s'il y a des points et des virgules, c'est pour qu'on s'en serve.

Alors seulement on s'habituera à articuler nettement au lieu de bredouiller, à trouver l'intonation juste au lieu d'ânonner, à s'imposer à l'auditoire au lieu de le fatiguer. Les orateurs qui se font le mieux entendre fût-ce à de grands publics, ceux qui savent le mieux retenir l'attention ne sont pas toujours ceux dont l'organe est le plus puissant : MM. Thiers et de Freycinet, pourvus d'un mince filet de voix et qui eurent tant de succès oratoires, en sont d'illustres exemples.

La lecture doit être expressive, tout en restant simple et naturelle. Bien lire, c'est déjà expliquer, c'est déjà commenter. Cela est si vrai que j'approuverais pleinement un examinateur qui, après une lecture remarquablement faite,

remercierait le candidat et lui donnerait une note excellente sans lui demander d'ajouter la moindre explication.

Pour que la lecture soit expressive, il faut qu'elle soit
comprise du lecteur, il faut donc qu'elle ait été préalablement expliquée par le maître. Donc pas de lecture, une fois
passés les premiers mois, les mois sacrifiés à l'indispensable lecture mécanique, pas de lecture qui ne soit une lecture
expliquée. Les mots les moins usuels seront traduits, les
phrases seront analysées, le sens général, la portée morale
du morceau seront dégagés. Alors seulement le morceau
pourra être appris par cœur. Tant pis si par cette méthode
il est impossible de faire apprendre beaucoup de pages aux
jeunes élèves! Qu'ils n'apprennent que la valeur de huit ou
dix pages pendant la première année, mais qu'ils les com-
prennent bien et qu'ils sachent bien les dire.

Du reste, ils seraient moins avancés malgré l'apparence,
s'ils récitaient sans comprendre, donc s'ils récitaient mal
50 ou 60 pages, parce que, faut-il le répéter avec Montai-
gne '' savoir par cœur n'est pas savoir '', parce que '' la
mémoire ne retient sûrement que ce dont l'esprit s'est
rendu compte! ''

Quand le morceau qui devra être appris aura été expliqué
et retourné dans tous les sens, alors seulement on pourra
le présenter à la mémoire de l'écolier, comme un aliment
mûr ou cuit à point, pouvant être à la fois substanciel et
de digestion facile. Auparavant on l'aura lu et fait lire autant de fois qu'il aura été nécessaire ; au besoin toute la
classe l'aura collectivement déclamé. Tel passage, plus
particulièrement difficile, aura été isolé et redit par chacun
tour à tour. Ici encore la maxime de J.-J. Rousseau est la
bonne : il faut savoir perdre du temps, c'est le moyen d'en
gagner.

On devra veiller à ce que la récitation ne vienne pas de nouveau tout gâter. C'est par la récitation que les bons principes de lecture se perdent. Le maître veut s'assurer avant tout que le morceau qui a dû être appris par l'élève est bien su de lui. Après quelques velléités pour corriger les intonations vicieuses, il se décourage et finit par les laisser passer. Il a tort. Qu'il soit intraitable. Le pli sera bientôt pris. Les élèves comprendront vite qu'au moment de réciter on leur demande et qu'on leur demandera toujours deux choses : de savoir et de savoir dire. Si le maître ne cède pas, ne cède jamais, ils céderont. Et après quelques semaines, mettons quelques mois de lutte, ils sauront que jamais, sous aucun prétexte, on ne leur permettra de lire ou de dire quoique ce soit d'une façon inintelligente.

En l'état actuel, on constate le plus souvent que le maître comprend, comme nous, l'utilité absolue d'une bonne diction, qu'il a su l'exiger des tout petits, qu'il continue à l'exiger d'eux, mais qu'il s'est découragé. Et il s'ensuit que les intonations justes, parfois émouvantes, c'est dans la bouche des enfants du cours préparatoire que vous les trouvez; au cours élémentaire, c'est moins bien; au cours supérieur, c'est tout à fait mal. Nos élèves de 13 ans récitent moins bien que ceux de 8 ans. Voilà l'invraisemblable résultat auquel nous aboutissons trop souvent !

Pour mettre bien en lumière aux yeux des élèves l'utilité d'une bonne diction, nous ne saurions trop prôner la récitation par deux ou plusieurs d'entre eux de scènes dialoguées (tirées par exemple du *Cid* ou des *Plaideurs*) et surtout les petites fêtes scolaires dont les écoliers sont les acteurs. Rien ne leur montrera mieux la nécessité d'une diction intelligente comme de réciter devant un public.

Aussi est-il bon que dès l'École normale quelques fêtes de

ce genre aient habitué nos futurs maîtres à la fois à bien dire en ce qui les concerne et à savoir organiser sans apparat ni prétention des représentations scolaires. Les tentatives faites depuis deux ans à l'Ecole normale des institutrices ont, à ce point de vue, produit déjà et produiront pour l'avenir les meilleurs fruits. Déjà nous avons pu constater, M. le Recteur, M. l'Inspecteur général Coutant, et moi-même, que la plupart de nos élèves-maîtresses savaient vraiment lire et qu'elles excelleront dans cet exercice jusqu'ici négligé et pourtant essentiel qui consiste à apprendre à bien lire aux enfants.

V

LA COMPOSITION FRANÇAISE

Si plusieurs de nos maîtres ne savent pas interroger, si plusieurs autres ne savent pas enseigner à lire, un plus grand nombre encore ignorent l'art d'enseigner la composition française.

Elle est cependant l'exercice essentiel de toute classe, puisqu'elle habitue les élèves à trouver, à grouper, à exposer des idées. Inventer, ordonner, exprimer, voilà bien les trois opérations fondamentales de tout travail intellectuel. Quand l'élève ou l'homme sait cela, quand nous lui avons donné l'habitude de la réflexion qui féconde et qui crée, le talent de la composition qui range les idées dans un ordre harmonieux, enfin l'art de l'exposition qui les met en lumière, alors il est apte à tout apprendre, apte à partout réussir. Possédant à la fois le fond, la méthode et la forme, il a en main, pour ainsi dire, la clef de tous les progrès, la possibilité de la plus haute culture aussi bien que du succès en de moindres domaines.

Ainsi compris, l'exercice de la composition française apparaît bien comme l'exercice fondamental de la classe, celui qui résume et couronne les autres. Il est leur aboutissement et en même temps leur sanction. Chacun d'eux, arithmétique ou histoire, tout en apportant à l'esprit un certain contingent de connaissances spéciales, doit bien concourir en outre à la formation intellectuelle de l'élève et de l'homme ; mais c'est à la composition française qu'il appartient d'enregistrer et de révéler les progrès déterminés par toutes les autres études. Elle seule peut établir le bilan de chaque écolier ou si l'on aime mieux fixer l'étiage intellectuel de chacun.

Dès lors, on ne saurait entourer de trop de soins cet enseignement primordial. Par malheur, il est d'un maniement malaisé et qui exige un effort d'esprit considérable. Aussi est-il, dans tous les ordres d'enseignement et d'une façon générale, le plus négligé, le plus livré à lui-même. Presque toujours, le maître se borne à donner un sujet, puis à corriger, la plume à la main, les copies qui lui sont remises. Besogne fastidieuse et de mince profit quand on s'en tient là ! Les élèves s'intéressent si distraitement aux réflexions du correcteur ! Quinze jours après, on recommence et ainsi de suite jusqu'à la fin des études.

Quelques élèves, malgré cette façon de procéder essentiellement empirique, parviennent tant bien que mal à trouver, le jour de l'examen, quelques idées, à réaliser quelque ordre, à aligner quelques phrases. Ils y ont un mérite infini.

Le plus grand nombre, devant un sujet donné, restent aussi ahuris à la centième fois qu'à la première, et ils nous arrivent ainsi au brevet élémentaire. A voir leur mine déconfite en présence du texte, on devine leur désarroi, on pressent qu'ils vont jongler au petit bonheur, c'est-à-dire de la plus bizarre façon avec les idées, les phrases et les mots.

Ils ne se rendent pas compte encore, les malheureux, après huit ou dix ans de scolarité, du pourquoi d'un tel exercice. Qu'est-ce que cela peut bien faire aux examinateurs qu'ils sachent décrire un orage ou un incendie ? Ils n'auront jamais vraisemblablement à se livrer à une description de ce genre !

La composition française leur paraît un instrument de torture incompréhensible, un legs bizarre du passé, dont on continue à user par habitude. Quelques-uns n'y voient qu'un succédané ambitieux de la composition d'orthographe. « Ici, se disent-ils, il faut savoir écrire correctement, non seulement les mots comme dans une dictée, mais encore les phrases. Ne pas faire de fautes de français, tel est dans une composition française, l'unique but. Trouver des idées et faire un plan est accessoire. Ces deux opérations n'ont d'autre objet que de fournir l'occasion d'écrire des phrases où l'on ne commettra aucune incorrection. »

Trouvez-vous que j'exagère ? Suivez l'Inspecteur d'Académie dans n'importe quel établissement secondaire aussi bien que primaire : au cours complémentaire de Tarascon ou de Saverdun, dans une grande classe du lycée de Foix ou du collège de Pamiers, enfin au brevet élémentaire. Vous serez édifié pleinement et... stupéfait.

La plupart des candidats ne font pas de brouillons, n'écrivent pas une seule ligne, ne prennent pas une seule note en dehors de la feuille officielle. Au bout de dix minutes, ils ont déjà écrit sur celle-ci une dizaine de lignes ; quelques minutes encore et la première page est terminée. Au bout de trois ou quatre pages, la fontaine cesse de couler, le candidat s'arrête : il sait qu'on doit remettre à peu près trois ou quatre pages, il constate d'ailleurs que le délai qu'on lui accorde sera bientôt expiré. Il s'arrête donc, mais pour un peu il se fût arrêté une page plus tôt ou il ne s'arrêterait qu'une page plus loin. Sur la copie, faite dans ces conditions, très souvent nous ne trouvons pas une seule rature.

A Saverdun ou à Foix, même façon de procéder. Cependant, il y a une différence, qui semble d'abord considérable : ici, moins bousculé, moins fiévreux qu'au jour de l'examen, chaque élève commence son travail par un brouillon. Faites-vous montrer les brouillons. Vous serez émerveillé. Beaucoup sont écrits sans une seule rature. Bien mieux, leurs auteurs se sont interdit toute défaillance : ils ont en quelque sorte coupé les ponts derrière eux. Nulle correction n'est possible : il n'y a sur le cahier ni marge ni interligne! Vous songez à ces pauvres diables de grands écrivains, à Bossuet ou à Buffon, sans parler de Balzac ou de Flaubert, qui étaient incapables d'écrire sans couvrir les feuillets de retouches et de corrections. Vous les prenez en pitié et vous vous pâmez d'admiration devant ces Ariégeois de génie, qui sont déjà d'impeccables stylistes avant le baccalauréat et avant le brevet.

Parlons sérieusement : n'est-il pas lamentable que des jeunes gens de 16 et 18 ans ignorent totalement ce que c'est que de faire un brouillon, qu'ils puissent croire que c'est une manie inexplicable des maîtres d'exiger qu'on n'écrive pas d'ordinaire du premier jet sur la copie à remettre ? N'est il pas surprenant qu'ils ne sachent pas qu'avant de développer il faut avoir procédé à deux petites opérations préliminaires sans lesquelles le développement ne saurait rien valoir. S'ils ne le savent pas, c'est qu'on ne le leur a pas appris. On leur a machinalement inculqué l'habitude de faire un brouillon sans leur expliquer une fois pour toutes le pourquoi du brouillon. Le plus souvent, on ne s'inquiète pas de ce brouillon ; on ne le réclame pas aux élèves, alors qu'on devrait se le faire présenter toujours, et donner une note très mauvaise à tout élève qui se permettrait d'avoir du génie avant l'âge, c'est-à-dire d'écrire des pages entières sans rature.

Mieux vaut donner des devoirs de français moins souvent que de ne pas, chaque fois, les composer et presque les écrire devant tous les élèves. Oh ! c'est une besogne fatigante qui prend beaucoup de temps avant la classe aussi bien que pendant la classe. Mais c'est la besogne essentielle, créatrice, qui seule apprendra aux élèves le mécanisme de la composition française. Se borner à corriger les bévues de chacun, c'est un travail en quelque sorte négatif, qui n'a qu'une utilité infiniment moindre. Il faut, toute la classe réunie, et dût-on y consacrer deux ou trois heures et en deux ou trois séances, faire ensemble le devoir.

A partir du cours moyen, sauf à traiter d'abord des sujets très faciles, il faut que les élèves se rendent bien compte de ces trois opérations de l'esprit, grâce auxquelles l'exercice de la composition française est le plus fructueux de tous : l'invention, la disposition, l'exposition.

Préalablement, une grande marge sera toujours exigée, et l'habitude de ne rien écrire sans marge sera imposée aux élèves. Ils en sauront le motif : les marges ne sont pas requises en vertu de traditions inexplicables, mais sacro-saintes. Il en est d'elles comme des signes de ponctuation dont nous parlions à propos de la lecture : si on les trace, c'est pour s'en servir. Ce simple petit aphorisme qui n'a rien de génial surprend, la plupart du temps, nos élèves. C'est une explication des plus simples, mais à laquelle ils n'avaient jamais songé. Les marges leur rap-

pelleront qu'ils ont le droit et plus exactement le devoir
de modifier, de corriger, de polisser sans cesse leur
ouvrage.

Vous commencerez par chercher, avec tous vos élèves,
les matériaux du devoir, idées, faits, anecdotes, citations,
qui pourront venir à l'esprit des uns et des autres et peut-
être trouver place dans le travail. Que les élèves s'habituent à noter, au fur et à mesure qu'elles se présentent et
dans l'ordre où elles se présentent, les diverses idées.
Qu'ils laissent une ligne ou deux entre chacune d'elles
pour y intercaler, le cas échéant, quelque indication secondaire. Chaque idée ou anecdote ou transition possible, etc.,
devra être formulée très sobrement, par son titre en quelque
sorte. Vous n'écrivez pas encore. Vous rassemblez seulement des matériaux, tout comme avant d'édifier la maison on porte à pied-d'œuvre les pierres de taille, le ciment,
le mortier, etc.

La deuxième opération à laquelle vous procéderez avec
vos élèves consistera à rechercher le plan de l'édifice. Vous
les ferez collaborer encore à ce travail. Ils comprendront
alors ce que c'est qu'un plan. Ils n'auront désormais plus
l'idée qu'on puisse se mettre à traiter un sujet sans avoir
arrêté préalablement par écrit l'ordre qu'on devra suivre.
Pourquoi ne pas exiger que toujours ils indiquent leur plan,
avec plus ou moins de détails suivant l'âge et l'occasion,
en tête de la copie? Dans le plan arrêté ensemble, vous
leur montrerez l'art d'installer un par un, à leur place, les
divers matériaux trouvés au début. Vous leur montrerez
même qu'il faut savoir ne pas employer tous les matériaux,
et résolument écarter maint détail qui avait pu paraître
tout d'abord acceptable.

Vous leur expliquerez qu'il faut toujours qu'il y ait

dans tout devoir français, une idée générale, un préambule, des divisions, une conclusion. Vous leur apprendrez peu à peu ce qu'est une transition, etc.

Alors seulement vous écrirez avec eux le devoir. Cette troisième partie du travail vaudra le plus souvent en proportion de la valeur des deux premières. Les élèves comprendront vite cela. Ils ne lui attribueront qu'une importance relative, au lieu d'en faire l'objet unique de leurs préoccupations. Ils verront que la correction qui leur paraît seule désirable dans un devoir français n'est rien par elle-même, qu'elle est quelque chose de négatif, l'absence de défauts plutôt qu'une qualité, et que le style n'est que « l'ordre et le mouvement qu'on met dans le discours », suivant la définition célèbre et simple de Buffon.

Il faudra aussi les exercer à traiter un sujet dans un temps donné, les habituer dès qu'ils seront assez grands à s'occuper de l'heure, à répartir les différentes opérations que nous venons d'indiquer suivant le temps à consacrer à l'ensemble du travail. On pourra par exemple, et sauf à modifier les chiffres suivant l'âge et les occasions, leur montrer que s'ils ont deux heures pour traiter un sujet, bien loin de se mettre à écrire de suite, ils devront consacrer douze ou quinze minutes à noter les idées qui viennent, au moins autant à arrêter un plan, puis le reste du temps à écrire le brouillon et à le recopier, tout en se ménageant (cela fait partie de l'art de composer) une dizaine de minutes pour relire. Vous leur direz aussi qu'il faut chercher à être substantiel, méthodique et clair, que pour cela il n'est pas nécessaire d'écrire beaucoup de pages, que c'est souvent un art d'être court et une infirmité d'être long.., etc. Vous leur direz bien d'autres choses qui vous viendront, qui seront lumineuses pour vous et bientôt pour eux dès que vous aurez pris l'habitude de traiter la composition française avec cette sévère discipline. Vous vous apercevrez, en somme, que, tout en vous remettant trois et quatre fois moins de devoirs français, vos élèves font, par cette méthode, des progrès plus rapides qu'auparavant.

Quand le corrigé du devoir sera bien compris d'eux et bien digéré, il sera bon de les exercer à annoter réciproquement leurs copies, en recherchant non pas seulement les fautes d'orthographe ou de français, mais plus encore les fautes commises dans le choix des matériaux ou dans la manière de les disposer.

Il n'est pas douteux qu'une telle façon de comprendre la correction de la composition française exige un sérieux travail de la part du maître. Mais il s'aidera de livres où sont déjà traités les sujets et il lui suffira d'avoir un certain jeu de devoirs, en petit nombre d'abord. Chaque année il enrichira sa collection de trois ou quatre travaux neufs. Il vivra dès lors sur ce fond, et, l'habitude lui étant vite venue de diriger la correction ou pour mieux dire la fabrication du devoir en commun avec tous les élèves, il constatera que le surcroît d'effort à lui imposé par un semblable exercice est vraiment peu de chose à côté des résultats obtenus.

VI

LA PRÉPARATION DE LA CLASSE

La sixième partie de cette circulaire en sera la conclusion naturelle, comme elle est la conclusion naturelle de toute recommandation faite par nous aux instituteurs, quelle que soit la partie du programme examinée : *Il faut préparer sa classe.*

On ne prépare pas assez. — On ne prépare donc pas d'ordinaire ? — Non, pas comme il le faudrait, ni peut-être même autant qu'il le faudrait, les rapports de MM. les Inspecteurs primaires sont sur ce point unanimes.

Citons au hasard, dût la citation être un peu longue : « Ce qui est pénible à constater, écrit M. Flottes, c'est le défaut de perfectionnement et de travail chez la presque totalité des maîtres, et en particulier chez les jeunes. Au point de vue professionnel, nul souci de s'instruire, soit par l'étude, soit par l'observation à côté de soi. On se met à l'œuvre sans vue d'ensemble, sans organisation réfléchie, au petit bonheur des souvenirs de l'école annexe ou de l'école primaire qu'on a autrefois fréquentée. Les examens du C. A. P. m'ont permis de m'assurer qu'on ignore totalement les principes fondamentaux de l'organisation primaire française et les prescriptions essentielles des règlements..... S'il s'agit de la culture en général, on s'en tient au journal ; si on lit autre chose, ce sont exclusivement quelques ouvrages de controverse ou des romans. Dès qu'on se dit ancien, et on se le dit bientôt pour cela, toute préoccupation de perfectionnement disparaît. On est dispensé de tout ce qui peut déranger les habitudes prises... L'argument de plusieurs, c'est que les

vingt ou trente années d'exercice qu'ils ont tiennent lieu
de tout travail nouveau. Leur âge supplée à tout. Ils
croient avoir assez d'expérience pour eux et plus que ceux
qui par devoir la leur contesteraient. Un grand nombre
d'entre eux se fient à la régularité impeccable de leur
journal et appliquent aveuglément à leurs divisions ce qui
a été conçu pour une classe-type, c'est-à-dire pour une
abstraction. A côté de ceux-ci, il en est d'autres qui vivent
sur le travail d'autrefois, ne changeant pas un iota à la
série des devoirs et des leçons ou à la répartition des
matières qu'ils élaborèrent il y a dix ans. Cependant,
conclut M. Flottes sur un ton plus réconfortant, il y en a,
de tous les âges, il faut le reconnaître, qui travaillent
chaque jour un peu ; leurs écoles sont les meilleures et les
satisfactions de tout ordre qu'ils retirent de leur zèle
raisonnable devraient servir de stimulant aux autres. Car,
après tout, il n'est pas excessif de demander aux maîtres
même âgés une heure de recueillement par jour. » Nous
avons tenu à reproduire toute cette page. Elle résume l'état
de la question non pas seulement pour l'arrondissement de
Saint-Girons, mais pour le département entier.

La préparation est-elle obligatoire ? — Quelques
maîtres estiment qu'ils ne sont plus tenus à préparer
leur classe, surtout à la préparer par écrit.

D'abord, en établissant cette dernière distinction, ils
oublient qu'il n'y a de travail méthodique et sérieux que
celui qui s'exécute la plume à la main et qui laisse une trace
écrite, que cette maxime doit être la base de toute pédago-
gie saine autant à l'usage du maître qu'à celui des élèves.
Souvent, tel passage doit être approfondi, telle réflexion
doit être prévue ; si nulle indication écrite n'en témoigne,
on oblige la mémoire à un effort et on l'expose à un oubli

grave, comme en commettent les conférenciers même expérimentés à qui il arrive de parler sans notes. D'ailleurs, les observations consignées par écrit demeurent et, au moment du besoin, on les retrouvera.

En second lieu, c'est un tort de croire que la préparation de la classe n'est pas indispensable, sous prétexte qu'elle n'est plus obligatoire uniformément pour la France entière et dans la même forme.

On sait que le « Journal de classe » fut imposé vers 1855. On devait y mettre tous les textes, même ceux des dictées et ceux des problèmes. La besogne était longue et fort ingrate.

En 1866, on transforma le « Journal de classe. » On le divisa en petites cases où l'on pouvait seulement inscrire des titres. Toutes les cases avaient les mêmes dimensions. On n'avait pas songé à l'inégale importance des leçons et des devoirs qui nécessitent des développements plus ou moins longs et par conséquent un espace plus ou moins grand pour les indiquer.

En 1881, on supprima l'obligation du « Journal de classe » ainsi compris et ainsi imposé uniformément à toutes les écoles de toute la France. Mais le ministre espérait que les instituteurs « n'en continueraient pas moins à régler la marche de l'enseignement. » Dès lors le « Journal de classe » put être divisé et rédigé comme chaque maître l'entendrait. En fait, l'usage s'établit de le remplacer par un cahier ordinaire de préparation, par un cahier non imprimé.

C'est l'uniformité que le ministre avait prétendu abolir ; c'est aussi un type de cahier de préparation reconnu malencontreux ; ce n'était pas le principe de la préparation. Si dans nos lycées on abolissait l'uniforme, ce serait pour permettre à chacun de s'habiller à sa guise et non pour autoriser nos internes à ne pas s'habiller du tout. De même la décision de 1881 a voulu supprimer non pas la préparation, mais le mode antérieur de préparation. C'eût été, a-t-on même pensé, faire injure à nos maîtres que d'insister trop sur le maintien moralement obligatoire de celle-ci. Le texte officiel se borne à exprimer l'espoir qu'on « réglera la marche de l'enseignement. » Mais ce n'est là qu'un aimable euphémisme, grâce auquel on a voulu éviter la forme impérative dans une question que suffit à trancher le bon sens.

Donc, sans être obligatoire officiellement pour la France entière dans le cadre autrefois imposé, la préparation de la classe n'en reste pas moins indispensable, surtout dans l'Ariège où plusieurs de nos prédécesseurs se sont formellement prononcés sur ce point. Et c'est le bon sens qui le veut ainsi : on ne doit rien tenter sans s'y être préparé, surtout quand on est instituteur, c'est-à-dire professeur de méthode. On préparera sa classe, de même qu'on porte un chapeau dans la rue ou qu'on se lave tous les matins, sans y être obligé par aucun règlement.

Une classe non préparée. — Faut-il insister encore ? Faut-il énumérer les inconvénients qu'il y a à ne pas préparer ?

Il vous est arrivé, Monsieur l'Inspecteur, comme il m'est arrivé à moi-même, de « tomber » sur un maître qui n'avait pas préparé sa classe. Rappelez-vous le désarroi du pauvre homme, sa confusion d'avoir à traiter devant vous un sujet de science ou d'histoire sur la foi de vieux souvenirs. Il hésite, il tâtonne. Aucun ordre. Il insiste sur l'accessoire, il néglige l'essentiel. Les explications viennent, pénibles, lourdes, décousues. Le malheureux improvise ! et quand on improvise, on bavarde, et le bavardage est le fléau de l'enseignement.

Charitablement, un peu apitoyé vous-même, vous abrégez le supplice. Vous passez à un autre sujet. Vous ne faites pas les gros yeux. A quoi bon? la leçon servira. Le maître est guéri pour la vie des classes non préparées.

Quand vous n'êtes pas là pour vous apercevoir de la faute commise par le maître, lui-même s'en aperçoit et il en est puni sur-le-champ. Sa classe, il la fait sans plaisir parce qu'il la fait mal. Le temps lui paraît long. Sans cesse, il regarde l'heure. Il voudrait en avoir fini. C'est qu'il se rend compte des imperfections de son enseignement. Il voit le temps perdu à choisir des devoirs, il constate que les exercices ou les exemples cadrent mal avec les leçons du jour. L'auditoire échappe, se dissipe.

Il faudra changer l'instituteur. — Le prestige du maître diminue peu à peu. Avant longtemps, il sera déconsidéré aux yeux des élèves et des parents.

Bientôt même, il sera impossible dans sa commune. Il sera démonétisé. Il faudra le changer. Il ira désormais de poste en poste, « brûlé » partout au bout de trois ou quatre ans. Si l'administration académique essaie de le défendre, lui qui est si peu défendable, sans même s'être concerté, peu à peu, parents et écoliers feront grève. La non-fréquentation ira s'accentuant. Les villageois gardent leurs enfants à la maison sous le moindre prétexte. S'ils sentent que ceux-ci profitent peu à l'école, ils s'habituent à ne les y laisser aller presque jamais.

C'est que la fréquentation, tout le monde le reconnaît, est presque toujours en raison directe de la valeur du maître. Nous avons déjà eu occasion de le rappeler l'an dernier : classe mal fréquentée, classe mal préparée.

De plus en plus, pour ne pas avoir eu le courage de se reprendre, de redonner un vigoureux coup de collier, de se remettre à la préparation solide de sa classe, le maître perd pied et s'abandonne. Il est devenu la proie de la routine, de cette routine qui le guettait et que le Carnet de préparation, bien plus encore que l'Inspecteur primaire, eût pu mettre en déroute. Oui, tel qui sortit de l'École normale avec un esprit ouvert et alerte, avec un fond solide de connaissances est maintenant, au bout de peu d'années, un maître routinier qui donne un enseignement sans méthode, sans vie et sans portée. C'est un raté, un laissé-pour-compte de l'enseignement ou, si vous aimez mieux, un poids mort dans nos cadres.

Le bon maître. — Comparez cette triste épave au bon instituteur, à celui qu'une préparation régulière continue à tenir en haleine.

Il intéresse et retient les élèves. Ceux-ci progressent, car il en est de l'esprit comme du corps ; la cuisine bien préparée est seule profitable. Les familles l'aiment. Le temps de la classe lui paraît court, parce qu'il y fait une besogne intelligente et vivante. Sachant que le vrai moyen de s'attacher à une œuvre, c'est de se dépenser pour elle, il met tout son cœur à bien accomplir son devoir.

Il ne craint même pas les aléas des inspections, redoutables comme ceux des examens. S'il se trouble, s'il est moins bien disposé, si les élèves répondent mal, le Carnet de préparation met les choses au point, porte caution pour lui. Si même ce jour-là — il n'est bon cheval qui ne bronche — quelque dérangement imprévu a nui à la préparation, le Carnet dira que c'est simple accident, que les classes antérieures avaient toujours été sérieusement préparées et que les classes prochaines le seront aussi.

Objections. — Reste-t-il des objections ou des doutes? Faut-il réfuter encore? — N'hésitons pas si la conviction, fût-ce d'un seul maître, est à ce prix.

Passons pourtant sur une première objection que pourraient présenter certains débutants : dans une humble école rurale à petit effectif et à tout jeunes enfants, on en sait toujours assez! — Quelques semaines d'expérience suffiront à convaincre l'instituteur novice de son erreur sur ce point. Il verra que plus on sait, plus on a besoin d'une mise au point pour se baisser au niveau de l'auditoi.e, pour adapter à lui ses leçons. C'est le tout petit enfant surtout qui requiert une nourriture soigneusement préparée, pour qu'elle soit de digestion aisée. D'ailleurs c'est le cours préparatoire qu'il convient de choyer tout particulièrement, de tirer le plus vite possible de l'ornière où on le laisse s'enfoncer d'habitude, parmi l'écriture et la lecture mécaniques.

L'objection des instituteurs d'âge mûr, celle que signalait tout à l'heure M. Flottes, à la vie plus dure : l'âge et l'expérience tiennent lieu de préparation. — Eh bien non ; l'âge et l'expérience sont des avantages dont il faut profiter pour rendre la préparation plus facile, mais non pas pour la supprimer. Tant mieux, si le maître connaît bien ses textes pour les avoir lentement amassés et ses manuels pour les avoir maintes fois parcourus. Cela ne le dispensera pas de déterminer la tâche de chaque jour et d'y réfléchir. Agir autrement, c'est s'exposer à l'effondrement lamentable de ces instituteurs que nous prenions tout à l'heure sans vert, je veux dire sans préparation.

Troisième objection : le livre ou le journal pédagogique suffit à tout. — C'est là une erreur et une erreur malheureusement fort répandue. A l'aide du journal ou du livre, on fait le plus souvent une classe idéale, qui d'ailleurs dans la réalité ressemble beaucoup plus aux classes des villes qu'à la majorité de nos classes ariégeoises. Les devoirs sont trop difficiles ou ils ne sont pas appropriés à la région, aux occupations habituelles, au milieu. Suivant la situation en plaine ou en montagne, suivant le plus ou moins de fréquentation, l'enseignement variera. Le journal pédagogique vous expose à demander aux élèves de la plaine la description d'un orage dans la montagne, ou à ceux du continent le récit d'un coucher de soleil sur la mer, etc. Et puis et surtout, il ne faut pas de livre entre l'enfant et vous. Il doit être votre élève et non celui du livre. Vous-même si vous comptez sur le livre, vous vous habituez à avoir des lisières, vous devenez esclave de la parole écrite c'est-à-dire sans couleur et sans vie. Vous perdez le contact avec l'auditoire. Le courant magnétique qui doit aller de vous à lui ne passe plus (1). La classe livresque est une classe morte.

Qu'il s'agisse d'ailleurs de classe proprement dite, de cours d'adultes, ou de conférence publique, le plus tôt possible, grâce à une forte préparation et à une facilité de parole qui sera vite acquise et qu'il faut acquérir à tout prix, l'orateur devra s'en tenir à quelques notes bien disposées : appuyées sur elle, guidées par elles, reprenant pied avec leur aide s'il en est besoin, il parlera d'abondance. Il ne récitera pas, il ne lira pas. Sinon, son action sur le public sera nulle. De grands savants l'apprennent parfois à leurs dépens. Ils sont punis de rester trop livresques.

(1) Cf Doliveux, dans le *Bulletin de l'Instruction primaire* de l'Oise (mars 1899).

Pour faire vibrer un auditoire il faut la parole parlée, si l'on peut dire ainsi ; la parole écrite est impuissante.

La préparation générale. — Je ne vois plus d'objection. — Nous sommes maintenant tous d'accord sur ces deux points : il n'y a pas de classe bien faite qui n'ait été sérieusement préparée ; la préparation de la classe, grâce à laquelle tout est prévu et pesé, grâce à laquelle l'enseignement produit en quelque sorte son rendement maximum, est le plus essentiel de tous les devoirs pédagogiques.

Ceci étant bien établi, comment convient-il de procéder à cette préparation ?

Il y a lieu d'abord de distinguer la préparation générale et la préparation spéciale. C'est à la seconde que nous tenons, et c'est d'elle principalement qu'il s'agit ici. Cependant un bon maître ne saurait négliger la première. Nous devons tous travailler sans cesse à nous perfectionner, à accroître notre culture. Qui n'avance pas recule : c'est surtout en matière d'éducation et d'enseignement que cela est vrai.

Pourquoi nos élèves-maîtres ne prendraient-ils pas dès l'École normale une habitude que d'aucuns estiment excellente et qu'on arrive vite à aimer : celle de toujours résumer leurs lectures. On a un gros cahier cartonné, aussi volumineux que possible, et désormais on ne lira aucun livre, en dehors des livres classiques si l'on veut, on n'assistera à aucune représentation théâtrale, sans noter brièvement, en une ou deux pages, l'idée maîtresse du livre ou de la pièce, les parties essentielles, les situations dramatiques, les conclusions, les impressions ressenties, bref tout ce qui aura frappé à la lecture ou au spectacle.

Outre le profit direct retiré d'un pareil exercice, outre l'habitude ainsi prise de savoir réfléchir à propos de toute lecture, on se constituera de la sorte un précieux aide-mémoire.

Si gauche en effet que soit, du moins au début, l'analyse, en la relisant, même à bien des années de distance, en retrouvant le nom des personnages si c'est un roman, les idées ou les faits principaux dans tous les cas, l'ouvrage entier s'évoquera dans votre esprit. Vous vous en ressouviendrez comme d'une lecture récente. Tous les livres lus ainsi et résumés vous suivront désormais dans la vie : ils feront partie intégrante de votre bagage intellectuel.

Faute d'avoir contracté cette habitude, bien des gens en arrivent à lire plusieurs fois le même livre, à quelques années d'intervalle, sans en retenir quoi que ce soit. Nul profit n'est resté, nulle acquisition durable pour l'esprit. Un instituteur n'a pas le droit d'égarer ainsi ses connaissances, de les laisser s'évaporer en cours de route. Autre avantage : par une sorte de choc en retour, l'habitude de résumer ses lectures amènera le maître à ne lire que des livres avouables, que des livres qui comptent, qui font autorité, car ce serait jeter sa poudre aux moineaux que de faire à un livre inepte ou insignifiant l'honneur d'une sérieuse analyse.

A côté de ce gros cahier qu'on mettra des années à remplir et qu'on saura relire de temps en temps les instruments de la préparation générale sont naturellement les livres et les journaux scolaires, et aussi le journal quotidien. Les premiers on peut se les procurer sans frais dans les bibliothèques pédagogiques.

C'est le choix et le maniement du journal quotidien qui sont plus malaisés. Il faut savoir laisser aux imbéciles les journaux à scandales ou à feuilletons stupides, ceux où les

faits et gestes des professionnels de la débauche sont décrits
minutieusement, ceux encore où les assassinats, les drames
du vitriol et les attentats aux mœurs sont complaisamment
étalés. Ces journaux sont une des hontes de notre pays. Il
n'est pas de nourriture plus malsaine, plus indigne d'un
éducateur. D'autant plus qu'il faut pouvoir laisser traîner
son journal sans que de menus faits divers insidieusement
racontés puissent causer un dommage, parfois incalculable,
à l'âme de l'un des enfants qui vous sont confiés.

Et même, si l'on veut lire intégralement les 6 ou 8 pages
d'un honnête journal quotidien, que de temps perdu ! que
de cerveau dépensé presque en pure perte ! et aussi, le plus
souvent, que d'aigreur amassée par une lecture qui n'est
pas toujours apaisante ! Sachez donc choisir les articles
bien faits, intéressants, utiles et impartiaux. Au total
d'ailleurs et sauf exception, ne consacrez pas plus d'un
quart d'heure ou de vingt minutes à parcourir votre feuille
quotidienne.

Comment préparer sa classe ? — Nous en venons
à la préparation proprement dite, à la préparatio spéciale. En quoi consiste-t-elle ? (1) A faire d'avance sa
classe par la pensée ; à savoir la veille ce qu'on fera le lendemain; à avoir prévu ce qu'il conviendra de dire, et surtout ce qu'il conviendra de taire. Une répartition men-
suelle bien comprise des matières du programme, un
emploi de temps en rapport avec le nombre des cours et
avec le plus ou moins de fréquentation fourniront les cadres
à la préparation directe. Il suffira de les remplir en ratta-

(1) Dans les pages suivantes, nous avons utilisé les intéressantes conféren-
ces pédagogiques qui ont eu lieu dans la circonscription de Foix. Elles ont
été dirigées par M. l'Inspecteur Gros (novembre 1903).

chant les leçons entre elles et en circonscrivant de son mieux chacune d'elles, en prévoyant les lectures, les questions, les objections possibles, en préparant les matériaux ou appareils des leçons de choses et des leçons de sciences, en appropriant aux leçons les exercices pratiques, les devoirs, etc.

La préparation ne sera pas trop minutieuse. On ne prétendra pas tout dire et tout mettre sur son Carnet. On évitera tout ce qui est travail machinal. On ne copiera pas le texte des dictées ou l'énoncé des problèmes. Un simple renvoi aux livres suffira. On ne remplira point de nombreuses pages de calligraphie, de cartes, de dessins. Des renvois précis, des notes brèves, des mots soulignés, voilà pour le Carnet ; des signets, marquant aux cahiers et aux livres les pages dont on se servira, voilà pour les références.

Trop de maîtres confondent le Carnet de préparation journalière que nous préconisons ici avec les cahiers où sont traités les différentes matières, histoire, géographie, arithmétique, sciences, etc., et qui constituent un dossier de préparations. Il faut avoir le premier et aussi avoir les autres ; mais qu'il soit bien entendu que sous aucun prétexte ceux-ci ne dispenseront de celui-là; et que d'autre part le rôle de ce dernier soit bien compris : il servira en quelque sorte de table des matières, tout en donnant méthodiquement le programme de chaque classe et pour ainsi dire l'ordre du jour.

Faut-il tout préparer à fond? — Il est impossible à un maître qui débute de préparer à fond toutes les matières du programme pour tous les cours d'une école complète. Il devra mettre deux, trois ou même quatre ans à préparer à fond ses leçons. Au début, il se bornera à mettre sur le Carnet de sommaires indications concernant les sujets plus faciles ou qui lui sont plus familiers. Il ne préparera complètement qu'une ou deux leçons par jour. De même, c'est peu à peu qu'il se constituera, non sans avoir élagué et tâtonné, des recueils des textes, de morceaux choisis, de chants

Rajeunissez sans cesse vos cours. — Par la suite, sa tâche consistera à revoir et à rajeunir ses notes plutôt qu'à les augmenter indéfiniment.

Après trois ou quatre ans d'une méthodique préparation, l'instituteur aura passé en revue toutes les questions importantes. Il n'en contractera pas moins l'habitude de poursuivre jusqu'à la retraite le rajeunissement de ses cours, de façon par exemple à les reprendre l'un après l'autre en sous-œuvre, à les refaire tous les cinq ou six ans. S'il ne s'y astreint pas, il est perdu. Avec un point de départ et pour ainsi dire un capital d'installation excellents, il deviendra routinier. Tout plutôt que cela. Aussi bien le rajeunissement de ses cours lui prendra de moins en moins de temps, et c'est en cela que l'âge et l'expérience allègeront beaucoup sa besogne. Il sera étonné d'ailleurs, dès les premières années, des connaissances étendues et surtout précises, bien assimilées, de la facilité de travail et de parole que lui aura values sa forte préparation. Il récupérera au centuple sa mise de jeu initiale. Il aura acquis la maîtrise. Il sera devenu un vrai maître.

Combien de temps faut-il préparer ? — Combien de temps faut-il consacrer à la préparation de chaque classe ?

Avant de répondre à cette question, rappelons-nous que nos instituteurs ont six heures de classe pendant cinq jours, soit trente heures par semaine. Ils doivent réserver entièrement le dimanche au repos et les vacances à la lecture. Restent, pour la préparation directe des classes, tout le jeudi et environ une heure ou une heure et demie pour chacun des cinq autres jours.

Etant donné ces conditions, les débuts seront assez durs. Il faudrait que le jeune maître consacrât environ douze ou quinze heures par semaine à la préparation directe de ses classes ; plus tard huit ou dix heures suffiront ; plus tard encore, cinq ou six. Même à 58 ou 50 ans, ne fût-ce que par coquetterie de ne point paraître vieux et insuffisant, par effroi de devenir routinier ou maniaque, l'instituteur consacrera une demi-heure à la préparation directe de chaque classe.

Dans ces limites, nous n'exigeons rien qui dépasse les forces du maître, d'autant plus que six heures de classe non préparées paraîtront encore plus longues, donc plus fatigantes que les sept ou huit heures de travail total que nous préconisons.

Quand faut-il préparer ? — Quand faut-il préparer ? Cela dépend, bien entendu, du tempérament de chacun.

Tout au plus, peut-on conseiller pour la préparation immédiate et de détail le travail du matin. C'est une bien saine habitude que de se lever de bonne heure, et l'esprit est singulièrement plus alerte à l'aube du jour.

Quant au jeudi qui permet les longues séances, il servira à corriger certains devoirs et surtout à préparer les cours. Ce sera essentiellement la journée créatrice et féconde de l'instituteur, celle où il dressera son plan de bataille pour les jours suivants, sauf à arrêter, chaque matin, le dispositif détaillé et à revoir de plus près le programme quotidien.

Ce qu'il faudra éviter, ce sera de préparer sa classe trop longtemps à l'avance. Ce sera surtout de la préparer après coup. Il y aurait là une supercherie indigne, sur laquelle nous nous en voudrions d'insister.

L'examen de conscience professionnel. — Ce que nous savons, en effet, pouvoir attendre de nos maîtres, c'est la sincérité. Leur préparation sera loyale. Vous connaissez trop, Monsieur l'Inspecteur, notre personnel pour en douter. Elle ne sera pas un trompe-l'œil, un cadre de belle apparence, mais vide ou mal rempli. On y devinera une consciencieuse besogne. Elle sera faite en vue des élèves et non en vue de l'inspection. Que dis-je, elle sera faite en vue du maître lui-même, car elle sera son réconfort et sa joie. Au surplus, je ne résiste pas à la tentation de finir par une page empruntée à M. l'Inspecteur primaire de Tarascon. En matière de conscience professionnelle, elle va nous dire ce qui doit être et, pour la plupart de nos instituteurs ariégeois, ce qui est :

« Je voudrais, m'écrit M. Ambielle dans son rapport d'ensemble, que nos maîtres prissent l'habitude de se recueillir, de s'écouter vivre, de soumettre leur tâche à leur propre examen. Je voudrais que chacun fût pour lui-même, comme eût dit Adam Smith, un spectateur impartial. On ne peut songer à réglementer un exercice dont le caractère est la spontanéité. J'estime pourtant que, en outre des occasions exceptionnelles particulièrement favorables, les vacances par exemple, l'on devrait s'imposer la règle stricte de faire son examen de conscience à intervalles assez rapprochés et surtout fixes. Je ne pense pas davantage à uniformiser les questions que chacun s'adresserait à lui-même ; le cadre même du Bulletin d'inspection pourrait être utilisé. En tout cas, elles reviendraient à celles ci : Ai-je fait assez ? Ai-je fait tout ce qui a dépendu de moi ? Ai-je eu le souci de me maintenir à la hauteur de ma tâche, le souci de mon propre perfectionnement ? Qui s'interrogerait de la sorte maintiendrait son esprit au-dessus de sa besogne, selon l'expression de F. Pécaut : au lieu de déchoir, il deviendrait chaque jour meilleur. Et ses élèves participeraient à son progrès. »

Ce scrupuleux examen de conscience professionnel, pourquoi tous nos maîtres ne se l'imposeraient-ils pas de temps en temps et de façon régulière ? Quelle sensible amélioration serait alors réalisée dans notre enseignement à tous les points de vue, et notamment à ceux où nous nous sommes placés dans la présente circulaire. Nous aurions à coup sûr pleine et entière satisfaction, qu'il s'agisse de l'ordre matériel, du Carnet d'inspection, de l'interrogation, de la lecture, de la composition française, enfin de la préparation de la classe ou de tout autre sujet.

Qu'on ne l'oublie pas d'ailleurs, tout progrès en ce qui concerne cette dernière provoquera et impliquera des progrès sur tous les autres points. Le maître louable entre tous est celui qui, en voyant arriver ses élèves à 8 heures et à 1 heure, peut chaque fois se rendre ce témoignage : *J'ai bien préparé ma classe.*

Quelques Devoirs Sociaux

SOLIDARITÉ , HYGIÈNE ,
BONNE HUMEUR

Discours prononcé le 30 Août 1904

à la Distribution des prix du Collège de Saint-Girons.

I

Mesdames, Messieurs,

On vient de vous le dire en termes excellents, la solidarité s'est révélée de nos jours, surtout dans notre démocratie, comme la vertu essentielle entre toutes. Peu à peu, des progrès de la science et de la conscience se dégage une morale tout humaine, toute laïque ; et, dans cette morale que nous essayons de construire, la solidarité doit former la pierre angulaire.

Quelques-uns s'inquiètent de nous voir chercher, en dehors des idées jusqu'ici admises, des principes nouveaux, et, si je puis dire, des raisons de vivre nouvelles. Ils ont tort. Ils ont tort de fermer les yeux à la lumière, tort de ne pas marcher avec leur temps, de ne pas accepter la nécessaire évolution dont nous sommes à la fois les témoins et les acteurs ; elle s'accomplira malgré eux. C'est bon pour les enfants, — qui sur nos plages édifient des maisons de sable, — de jeter des pierres à la mer qui monte.

Aussi bien, l'idée de solidarité n'est pas nouvelle, puisqu'il n'y a rien de nouveau sous le soleil. Le vieux Térence l'avait déjà pressentie. « Je suis homme, disait-il, et rien de ce qui est humain ne m'est étranger ! »

La loi de solidarité est vieille comme le monde. Elle a été la source de tous les progrès. En leur imposant la coopération, elle a aidé nos premiers ancêtres à sortir de la barbarie.

Elle est voulue par la nature qui nous fait solidaires de tous nos aïeux et de tous nos semblables. Elle est le lien, tour à tour effroyable ou bienfaisant, qui unit les générations l'une à l'autre : Le père est alcoolique et c'est le fils qui est idiot !

Mais cette idée avait subi une éclipse presque totale. Pendant tout le moyen âge, malgré d'admirables élans de charité, la règle suprême était : chacun pour soi et Dieu pour tous.

De saints évêques l'ont proclamé, après le Concile de Trente : le salut du chrétien est une affaire personnelle, et peu importe que la famille ou la cité en soient brisées !

Puis les théories darwiniennes firent croire un moment que la lutte pour la vie devait être la loi des hommes, comme elle était la loi de tous les autres êtres vivants.

Aujourd'hui, votre professeur d'histoire vous l'a démontré, on admet au contraire que l'homme doit se soustraire, parce qu'il a la raison, à cette loi de fer. Et à la prétendue lutte pour la vie on substitue hardiment la concorde pour la vie, l'union pour la vie. De là est né cet admirable mouvement, qui vous a été si bien décrit et qui aboutit à l'association sous toutes ses formes, à la mutualité dans la variété infinie de ses manifestations, bref à une religion nouvelle et que je vous recommande de toutes mes forces, la religion de la souffrance humaine.

Nous rendons justice à tous les efforts du passé ! Nous reconnaissons que « notre dette envers l'humanité est si grande que nous ne pourrons jamais la payer. » Nous savons que chacun de nous consomme en une seule journée plus que, réduit à ses propres forces, il ne pourrait produire en vingt siècles.

Eh bien, de cette solidarité qui nous lie à tous les hommes passés, présents et à venir, découlent tous les devoirs sociaux et individuels, toute la morale, toutes les vertus. — Parmi ces devoirs, quelques-uns surgissent même comme des conséquences inattendues.

Je voudrais vous en signaler deux : le devoir de l'hygiène et le devoir de la bonne humeur.

II

Si vous voulez faire quelque bien, votre premier devoir est de vous bien porter ; et c'est l'hygiène seule qui vous permettra de vous bien porter.

On vous a dit tout à l'heure que vous n'aviez pas le droit d'être malades, si vous pouvez l'éviter et on vous a dit pourquoi : vous devez épargner à d'autres la douleur ou la contagion.

Or, on peut éviter le plus souvent la maladie : avec une hygiène rationnelle l'homme ne devrait mourir que de vieillesse.

Un grand médecin n'hésite pas à déclarer qu'un « peuple a les maladies qu'il mérite ». Il ajoute que c'est l'école et le collège qui doivent enseigner la santé. « Il faut qu'on sache, dit-il, qu'à l'école on n'apprend pas seulement à lire, à écrire et à compter, mais encore à se bien porter ». Et l'on a pu intituler un livre avec ces mots alléchants : *Qui veut de la santé et du bonheur ?*

Les plus âgés d'entre vous connaissent l'hydrothérapie merveilleuse des Grecs et ces massages savants dont s'accompagnaient leurs bains. Par là on assouplissait les membres, on enlevait la poussière, les impuretés qui obstruent les pores, gênent les fonctions de la peau et entravent l'énergie vitale de tout l'organisme.

De bonne heure, ils étaient soumis à un entraînement méthodique : vie en plein air, couche dure, marches rythmées au son de la flûte, tableaux vivants où le corps s'exerce à la souplesse et aux attitudes variées ; plus tard venaient la course, le saut, le jet du disque ou du javelot, la lutte, l'équitation et bien d'autres exercices auxquels les vieillards eux-mêmes prenaient part (1).

L'hygiène était divinisée et l'un des plus vieux poètes de l'humanité célèbre ses bienfaits : « Hygiée, déesse souriante aux yeux brillants, qui dispense la santé aux mortels... O toi qu'on souhaite et qu'on aime, toi qui fécondes et vivifies, reine du monde entier, entends-moi. Tu es la source de tout bien. Par toi sont chassées les maladies des hommes, par toi toute demeure prospère et fait la joie des yeux. Grâce à toi les œuvres des hommes se multiplient ».

Malheureusement, Hygiée cessa d'être honorée quand vinrent les invasions barbares. Et le monde en fut atrocement puni : vous savez les maladies effroyables qui

(1) Cf Gache : *la Philosophie du Peuple.*

désolèrent le moyen âge et qu'on croyait les produits de l'enfer, quand elles étaient seulement les produits de la saleté.

Aujourd'hui encore, nous sommes loin d'avoir fait les progrès nécessaires. Notre mépris de l'hygiène, hygiène des repas, hygiène de la respiration, hygiène des « privés », etc., fera, dit M. Payot, l'étonnement des générations qui viendront après nous. Et combien qui ignorent les joies profondes, les effets extraordinaires d'une hydrothérapie simple et peu coûteuse, qui est à la portée de toutes les bourses et de tous les tempéraments, puisqu'elle n'exige qu'un peu de savon et beaucoup d'eau.

Eh bien, de nouveau, mes jeunes amis, comme les anciens Grecs, nous venons vous convier au culte d'Hygiée, c'est-à-dire (soyons modernes) au culte du savon et de l'eau.

Il y a quelques années, ce langage eût paru surprenant, surtout dans la solennité qui nous rassemble aujourd'hui, et dans la bouche d'un Inspecteur d'Académie. On eût souri de l'entendre s'occuper de pareilles minuties.

Mais aujourd'hui tous les éducateurs considèrent les questions d'hygiène et de propreté comme des questions vitales : tantôt c'est un savant professeur du lycée d'Alais, tantôt un maître éminent de la Sorbonne, tantôt enfin un Inspecteur d'Académie devenu Recteur, M. Payot, qui ne craignent pas d'entonner, en de doctes ouvrages, ce qu'on pourrait appeler l'hymne du savon et de l'eau (1).

Qu'on ne nous objecte pas que le soin du corps peut pousser à un matérialisme grossier. L'exemple des Grecs

---

(1) Payot : *Cours de Morale*. Livre précieux qu'on ne saurait trop recommander aux maîtres de la jeunesse, à tous les éducateurs.

suffira à éloigner cette crainte. Eux qui eurent au plus haut degré le culte de la beauté et de la santé, c'est-à-dire de la chair, ils ne furent nullement enfoncés dans les jouissances matérielles ni enclins à la sensualité. « Le Grec, dit M. Taine, vivait d'une gousse d'ail, de trois olives, d'une tête de sardine. Pour tout vêtement, il avait des sandales, une demi chemise, un gros manteau comme celui des pâtres. » Or, ces adorateurs du corps humain ont été les plus grands des hommes par le cœur et par le génie. Ils avaient compris que la propreté et par suite la vigueur physique sont les meilleures conditions pour l'épanouissement de toutes les facultés de l'esprit : l'idéal à leurs yeux était d'avoir « un corps sain *pour* avoir une âme saine. » En songeant par contre au moyen âge épris de sanctifiante saleté, on peut dire que les grands peuples ont été les peuples propres et que les peuples sales ont été non seulement moins bien portants et moins beaux, mais encore « par surcroît stupides et dépravés, malheureux et méchants » (Gache).

Qu'il soit donc bien entendu que, à l'image des Grecs, nous ne prétendons pas soigner notre corps pour lui-même, mais pour les services qu'il rend, parce que nous sommes assurés d'avoir, si notre constitution est robuste et saine, « l'esprit plus lucide, le cœur plus chaud, l'âme plus ferme » (Gache). Le corps est notre indispensable outil. Pour faire du bon travail, intellectuel ou moral, nous devons l'entretenir soigneusement, ne pas le laisser rouiller.

III

Le second devoir que je vous signalais, c'est celui de la bonne humeur et il découle en grande partie du précédent. Ici encore, l'exemple des Grecs doit nous instruire. Ils-

connurent, à un degré extraordinaire, la joie de vivre. Et cette joie de vivre qui leur inspira tant d'œuvres lumineuses, fécondes, moralisatrices, ils la durent, de l'aveu unanime, aux soins qu'ils prenaient de leurs corps.

C'est d'ailleurs, par esprit de solidarité, vous disais-je, que nous devons, le plus possible, être de bonne humeur. Spencer distingue deux catégories d'hommes : ceux qui par leur gaîté répandent la joie autour d'eux et ceux qui, par leur mélancolie, assombrissent tous ceux qu'ils fréquentent. Il ajoute qu'en faisant rayonner son bonheur autour de lui, un homme peut augmenter le bonheur des autres plus que par des efforts positifs pour leur faire du bien, et qu'un homme triste peut nuire à leur bonheur par sa seule présence !! Le premier est toujours le bienvenu, le second est un rabat joie.

La joie, mes jeunes amis, est donc un devoir social. Or, elle se peut conquérir (nous dit M. Payot), elle qui est comme le chant de triomphe de l'organisme, et qui indique le bon fonctionnement de la machine marchant à haute pression. Elle est un signe et un effet de la bonne santé. En revanche, j'ai toujours soupçonné les pessimistes depuis Pascal jusqu'à Schopenhauer d'avoir un mauvais estomac.

Par solidarité, pour ne pas diminuer la joie d'autrui, nous devons nous-mêmes fuir la tristesse, au lieu de nous y complaire, de rechercher les occasions de souffrir et de pleurer, comme le font trop volontiers certaines personnes. Quand une douleur inévitable nous frappe ou un malheur irréparable, nous devons nous efforcer de ne pas y penser. S'y complaire, se laisser abattre par le chagrin ; c'est s'abandonner, c'est ruiner en soi la santé et l'énergie ; car le chagrin tue, on l'a dit, plus de monde que le poignard ou le poison. « Ne pas réagir équivaut à un suicide, c'est violer un devoir essentiel. » (Gache.)

Je vous demande donc, mesdames et messieurs, de vous tenir en joie le plus possible, ne fût-ce que pour l'amour des autres. Je vous le demande à vous surtout, mes jeunes amis.

Entendez-moi bien cependant, il y a joie et joie. Celle que nous vous conseillons ne doit pas être confondue avec les excitations violentes et nuisibles du jeu, de l'alcool, du tabac. Ce sont là de fausses joies, des joies sans lendemain ou plutôt des joies qui ne laissent que des lendemains tristes. « Dans les grandes villes, trois jours d'oisiveté peuplent les hôpitaux de victimes plus dangereusement atteintes que ne le font trois mois de travail », (Mœterlinck).

Fuyez notamment les soi-disants plaisirs du café où l'on respire un air vicié qui est pour l'organisme un lent mais sûr poison.

Quant à l'orgie et à la débauche, je n'en parle pas, celui qui s'y livre n'est pas seulement un dépravé, c'est un imbécile, car tôt ou tard la punition suivra.

Aimez les promenades, les sports, la musique, la danse, le théâtre honnête, la lecture, enfin et surtout aimez le travail.

L'homme est né pour agir. — Et créer, — j'en appelle à l'ouvrier qui a terminé sa tâche, à l'écolier qui a fini son devoir et qui l'a fait consciencieusement, — créer est le plaisir délicat et profond entre tous.

C'est le travail qui vous tiendra en bonne humeur. Après la santé, c'est lui qui donne le bonheur, bien plus que la richesse. Beaucoup de gens consentent à reconnaître que celle-ci ne fait pas le bonheur, mais ils ajoutent qu'elle y contribue. Eh bien, vraiment, je ne sais pas ou plutôt je ne crois pas. Si nous laissons de côté les déshé-rités du monde, les indigents, on entend plus d'éclats de rire dans la maison de l'ouvrier ou du laboureur aisé que dans celle du millionnaire. Le spleen, si cruel et qui abou-tit si souvent au suicide, est une maladie de millionnaires. Et le milliardaire Vanderbild décrit d'une façon tragique les souffrances, les soucis, les responsabilités angoissantes de sa vie. Il conclut, sur un ton qui ne trompe pas, qu'en somme il aura été bien moins heureux que les neuf dixièmes de ses ouvriers.

Donc, mes jeunes amis, n'enviez pas outre mesure les gens riches; dites-vous que le bonheur véritable, c'est la pratique de la solidarité, la bonne hygiène, le travail, c'est par suite votre volonté qui vous le donnera, et laissez-moi résumer ce petit discours en deux conseils qui n'ont rien de morose :

Ne fût-ce que par solidarité et pour l'amour des autres, portez-vous bien et soyez heureux !

FOIX, TYPOGRAPHIE ET LITHOGRAPHIE POMIÈS.

PUBLICATIONS DU MÊME AUTEUR

1. ROGER DEBURY : **Un pays de célibataires et de fils uniques.** Paris, Dentu, 3ᵉ édition, 1900, in-18 jésus, xi-384 pages. Prix : 3 fr. 50.

2. **Le relèvement de la natalité et l'avenir colonial de la France.** Bordeaux, Feret, 1896, brochure.

3. **La dépopulation et les célibataires** d'après l'abbé Jaubert. Bordeaux, Gounouilhou, 1899, brochure.

4. **Le pays des célibataires et des fils uniques.** Paris, Comité Dupleix, 1901, brochure.

5. **Le peuplement français de nos colonies,** cinq articles extraits de la *Revue commerciale et coloniale de Bordeaux.* Bordeaux 1901, brochure.

6. **La dépopulation et les instituteurs,** extrait du *Manuel général de l'instruction primaire.* Paris, 1899, brochure.

7. **La langue française dans le monde,** conférence faite à l'*Alliance française de Lorient,* Lorient, 1891, brochure.

8. **La femme à travers les âges,** conférence faite à l'*Alliance française de Zurich.* Lausanne, 1892, brochure.

9. **L'Afrique du Sud : Anglais et Boers,** Bordeaux, Feret, 1899, brochure.

10. **Le livre de dépenses** (année 1777) de **Dupré de Saint-Maur,** Bordeaux, Feret, 1900, in-8°, 76 pages.

11. **Le relèvement économique de la France et le Comité de défense des intérêts nationaux,** cinq articles extraits de la *Revue commerciale et coloniale de Bordeaux.* Bordeaux, 1901, brochure.

12. **La navigabilité de la Garonne.** Bordeaux, 1900, brochure.

13. **A propos de la Garonne navigable.** Bordeaux, 1900, brochure.

14. **La Garonne navigable,** douze articles extraits de la *Revue commerciale et coloniale de Bordeaux.* Bordeaux, 1901, brochure.

15. **Communications au 1ᵉʳ Congrès du Sud-Ouest navigable.** Bordeaux, 1902, brochure.

FOIX, TYPOGRAPHIE ET LITHOGRAPHIE POMIÈS.

www.ingramcontent.com/pod-product-compliance
Lightning Source LLC
LaVergne TN
LVHW022030080426
835513LV00009B/954